© 1974 · EDITIONS G.P. PARIS

Printed in France

I S B N 2-261-00252-1

l'opéra de la lune

L'OPÉRA

EDITIONS G.P.
8, rue Garancière, Paris 6ᵉ

Jacques Prévert

DE LA LUNE

images de
Jacqueline Duhéme

MUSIQUE DE CHRISTIANE VERGER

Il était une fois

un petit garçon qui n'était pas gai.
Il n'y avait pas beaucoup de soleil
là où il habitait.
Il n'avait jamais connu ses parents
et vivait chez des gens
qui n'étaient ni bons ni méchants,
ils avaient autre chose à faire,
ils n'avaient pas le temps.

Il y avait une autre fois
un petit garçon
qui souriait très souvent,
la nuit, en dormant.
C'était une autre fois
mais c'était le même petit garçon.
On l'appelait Michel Morin,
le Petit garçon de la lune,
parce que, lorsqu'il y avait la lune,
il était content.

Je la connais, disait-il,

on est amis tous les deux
et même quand elle ne vient pas le soir,
je n'ai qu'à fermer les yeux
et je la vois dans le noir de la nuit.

Elle est toujours là pour moi
et quand je dors,
j'ouvre tout grand les yeux en dormant
et je me promène avec elle
et elle me montre des choses très belles
dans mon sommeil.

- Par exemple ?
lui demandaient les gens.
Le soleil !
répondait Michel Morin et il
s'endormait en souriant.

- Décidément
      disaient les gens, cet enfant
      est un écervelé, toujours dans la lune,
      il déménage, il faudrait
      lui meubler l'esprit, lui mettre
      du plomb dans la tête !

Et comme ils parlaient fort,
      Michel Morin
      les entendait, se réveillait
      et leur posait des devinettes.

Qu'est-ce qui pèse plus lourd
      un kilo de plomb dans la tête
            ou
      un kilo de plumes sous la tête
      dans l'oreiller quand on rêve ?

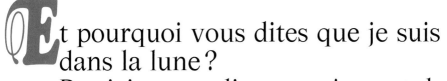t pourquoi vous dites que je suis
dans la lune ?
Par ici on ne dit pas qu'on est dans
la terre !
Personne n'est jamais dans la terre
sauf les mineurs
qui tirent pour les autres
les marrons du feu de l'Hiver.

Et les gens ne répondaient guère ou
changeaient la conversation.
- Et qu'est-ce que tu vois encore dans
la lune ou sur la lune si tu préfères ?

Un tas de choses et puis des gens.
Ils me font rire souvent
et quelquefois
ils me rendent un peu triste
mais sans jamais me faire pleurer.
Des choses et des gens qui me font plaisir
et qui me rendent heureux vraiment.
- Par exemple?
Je revois Papa et Maman.

Mais comment peux-tu les revoir puisque
tu ne les as jamais vus ?
Tout de suite je les ai reconnus.
- Comment peux-tu les reconnaître puisque
tu ne les as jamais connus ?
Ils me ressemblent,
ils ont le même âge que moi.
Papa c'était un enfant de la lune
et Maman une petite fille du soleil.

Un jour qu'ils dansaient.ensemble
ils sont tombés sur la terre
à côté d'un ruisseau bleu qui riait
et chantait comme eux.
Et ils ont chanté avec lui tellement
ils étaient heureux. Et il a dansé avec
eux. Mais un jour la Misère
est venue et le ruisseau bleu est parti.

Papa et Maman l'ont perdu de vue
et se sont perdus tous les deux avec lui.
Ils sont tombés dans la Misère et
ils m'ont laissé tomber
aussi. C'est vous qui me l'avez dit.

Ils ne pouvaient pas faire autrement.
Ils ne savaient pas comment faire
ils étaient tout de suite devenus trop grands.
Mais
sur la lune ils sont encore petits et marrants
et ils me disent bonjour en souriant.

Et les gens souriaient aussi parce qu'ils
n'étaient pas méchants et ce que leur
disait Michel leur faisait passer le temps.

- Et qu'est-ce que tu as vu encore ?
     L'Opéra.
- L'Opéra de Paris ?
     Bien sûr que non,
     en voilà une question !
- Quel Opéra alors ?
     L'Opéra de la Lune naturellement.
- Comment est-il ?
     Presque jamais pareil ça change tout le
     temps et même quand c'est pareil
     c'est encore plus beau qu'avant.
     A l'Opéra de la Lune
     il n'y a pas de rideau.

- On ne te demande pas ce qu'il n'y a pas, on
     te demande ce qu'il y a, disaient les gens.

l'Opéra de la Lune il y a tout
comme dans les autres opéras
que vous m'avez racontés.

Mais c'est tellement plus beau encore.

Vous ne pouvez pas imaginer.
Il n'y a pas de loges, de fauteuils,
d'entr actes, de strapontins,
de baignoires, de couloirs ni de
poulailler, comme vous m'avez raconté.

Il n'y a pas de grand lustre, c'est éclairé
par des petits astres. C'est les étoiles
et les éclairs qui font l'électricité.

Et tout le monde est sur la scène
pour danser et pour chanter.

Et même quand ce n'est pas la pleine lune
l'Opéra, lui, est toujours plein.
Et quand la lune est rousse c'est tout
rempli partout de petits rats d'Opéra roux.
Et tous les jours c'est le Quatorze Juillet
et la Musique se promène
dans tous les quartiers de la lune.

Et j'ai vu sur la mer des moutons
qui dansaient et chantaient sur les vagues
en blanc tutu de laine.
Et la mer n'était jamais mauvaise.
Sur la lune, elle fait seulement semblant.

CHRISTIANE VERGER

Chanson dans la lune

TEXTE DE JACQUES PRÉVERT

allegretto

1· Il chan - tait Au clair de la terre   Il chan-

allegretto

2· Il fait beau comme tout ber - gère   Il fait

m. f.

tait Il fait beau ber - gère   Il chan - tait Il fait beau ber - ger   Il fait

beau comme tout par - tout   et le blanc croissant de la lune

2· fois
à

2· fois
à

beau comme tout par - tout   Tout le monde est con - tent comme tout Au -jour-

m. f.

d'hui déjà c'est hi - er   et de - main est là lui aus - si   sor - tez

m. f.

tous de la chau - miè - re   Mou - tons noirs et dro - ma - dai - res gris   a - vec l'é - lé-

phant et l'âne et le renard et la sou - ris au grand comptoir

du jour qui luit prend son bain tous les ma - tins dans le ca - fé noir de la

nuit et dit bon - soir au cré - pus - cu - le bon voy - age à l'é - clair qui fuit

et les ai - guil - les dans la pen - du - le tri - co - tent le beau temps

jour et nuit

- Est-ce qu'ils chantaient
«Au Clair de la Lune»
les petits moutons blancs?
Non ça c'est une jolie chanson.
Une chanson comme «Il pleut Bergère».
Mais c'est des chansons de la Terre,
des chansons de par ici.
- Qu'est-ce qu'ils chantent alors?
Ce qu'ils chantent c'est pas compliqué.

Et Michel Morin chantait.

Il chantait

Au Clair de la Terre
Il chantait
Il fait beau Bergère
Il chantait
Il fait beau Berger
Il fait beau comme tout partout.
Tout le monde est content comme tout.
Aujourd'hui déjà c'est hier
et demain est là lui aussi.
Sortez tous de la chaumière
Moutons noirs et dromadaires gris
avec l'éléphant et l'âne
et le renard et la souris.
Il fait beau comme tout Bergère
Il fait beau comme tout partout.

Et le blanc croissant de la lune
au grand comptoir du jour qui luit
prend son bain tous les matins
dans le café noir de la nuit
et dit bonsoir au crépuscule
bon voyage à l'éclair qui fuit
et les aiguilles dans la pendule
tricotent le beau temps jour et nuit.

Et les gens chantaient parfois en même
temps que lui, ça les amusait
et leur changeait un peu la vie.
Mais Michel Morin ne reconnaissait
plus sa chanson.
On aurait dit qu'au lieu de chanter un air,
les gens récitaient une leçon.
Bien sûr, ils faisaient de leur mieux
mais ça grinçait un peu,
comme s'ils tournaient
une mayonnaise avec rien
d'autre que des coquilles d'œufs.
C'est pas la peine de m'accompagner
leur disait Michel Morin.
Laissez-moi m'endormir sans berceuse,
laissez-moi retourner sur la lune.

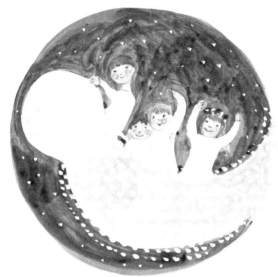

Je reviendrai demain matin et même pour
aller plus vite je prendrai un aérolithe.
- Qu'est-ce que c'est ?
  Des petits astres qui font le taxi.
- Ça doit coûter des prix astronomiques ?
    Non.
  C'est comme le téléféerique qui roule sur
  la voie lactée ; on peut monter,
  descendre en marche,
  on ne paie jamais, ça n'a pas de prix.
- Mais on risque de se faire mal ?
  Non, là-bas on rebondit !
  Oh, laissez-moi m'en aller de la nuit.
  Laissez-moi retourner sur la lune.
  Le soleil va m'accompagner
  car j'ai eu froid toute la journée.

- L'école n'était pas chauffée ?
Un petit peu et même presque pas
mais j'ai eu surtout froid dans la tête
parce que je m'ennuyais beaucoup.
Il y avait du calcul mental
et des guerres de religion.

J'aime bien mieux le Quatorze Juillet
quand on ouvre tout grand les prisons et
quand le génie de la Bastille met
la lumière dans les lampions.
Et toute la nuit toutes les rues dansent et
la lune illumine leurs chansons.
- Est-ce qu'elle chante aussi la lune ?
    Non.
Elle ne dit rien elle réfléchit.
- A quoi ?
A nous renvoyer la lumière du soleil.
Plus elle réfléchit plus elle brille, cette
lumière si gaie et si belle.

- Bien sûr, tout ce qui brille est d'or.
  Non rien n'est en or
  et tout brille simplement.
- Ils ne doivent pas se fatiguer beaucoup,
  ils ne doivent pas travailler souvent.

  Là-bas personne ne se fatigue,
  pourtant tout le monde
  travaille tout le temps.

  Mais pas partout tout le monde
  en même temps.
- Et qu'est-ce qu'ils font ?
  La nouvelle lune.
- Ils la remettent à neuf, quoi ?

Pas besoin. Elle n'a jamais été vieille.
Qu'est-ce qu'ils font alors?
Ils l'embellissent.
Il y a les équipes de jour qui travaillent
à embellir les nuits.
Et les équipes de nuit qui travaillent
à embellir les jours.
Et ils ne font jamais la guerre?
  Non.
Ils ont autre chose à faire;
  embellir la lune
  leur prend tout leur temps. Et ils n'ont
  pas besoin de faire la guerre.
  Pas plus qu'ils n'ont besoin d'argent.

Et quand une nouvelle fois la nouvelle lune est terminée ils prennent le téléféerique et s'en vont voir de loin cette lune nouvelle afin de juger de l'effet du travail bien fait.

Et puis ils s'en vont en vacances.

- Où ça ?

Un peu partout où ça leur chante.
Un peu partout où ça leur plaît.

Et même une fois ils sont allés passer leurs vacances au bord de la terre.

Mais ils ne sont pas restés longtemps.

- Ça ne leur a pas plu ?

Si. Ils aimaient bien
les fleurs les couleurs
de la mer et le chant
des oiseaux et celui des enfants.

C'était nouveau pour eux.
Ils étaient très contents.

- Pourquoi sont-ils partis ?
A cause du bruit.

- Quel bruit ?
Le bruit des machines à faire les ruines
des machines à faire la guerre
des machines à faire tuer les enfants
de la terre.

Et Michel Morin s'endormait
en répétant tout doucement

ils ont chanté en s'en allant :

C'est bien joli mais nous partons.
Quand ce sera la nouvelle terre
nous reviendrons.

Ce conte
d'après les maquettes de Jean Denis
a été achevé d'imprimer
sur les presses de Bernard Neyrolles.
Imprimerie Lescaret - Paris
la sélection des films a été exécutée
par la photogravure Schwitter à Zurich

DÉPOT LÉGAL N° 2674   AOUT 1974   OCTOBRE 1974